TRAUNER VERLAG
VOLKSSCHULE
Bildung, die begeistert!

Sätze bauen mit Lilli

Christina Konrad
Andrea Lindtner
Marlene Lindtner

Name: ....

Dieses Buch wurde auf Papier aus nachhaltiger Forstwirtschaft gedruckt.

Konrad u. a., Sätze bauen mit Lilli

1. Auflage 2021
TRAUNER Verlag, Linz

Autorinnen

Dipl.-Päd. Christina Konrad, MA

- Professorin an der Pädagogischen Hochschule der Diözese Linz
- Kindergartenpädagogin
- Volksschullehrerin
- Erziehungswissenschaftlerin
- Vortragende in der LehrerInnenfortbildung

Dipl.-Päd. VOL SR Andrea Lindtner

- Volksschullehrerin
- Besuchsschullehrerin der PH Salzburg
- Vortragende in der LehrerInnenfortbildung
- KUL-Trainerin (Einzelförderung)

Marlene Lindtner, BEd MA

- Professorin an der Pädagogischen Hochschule Kärnten
- Volksschullehrerin
- Bildungswissenschaftlerin
- Vortragende in der Lehrer/innenfortbildung

Lektorat/Produktmanagement:
Mag. Claudia Danzer
Korrektorat: Johann Schlapschi
Titelgestaltung: Adelheid Hinterkörner
Gestaltung und Grafik:
Adelheid Hinterkörner
Titelgestaltung: Adelheid Hinterkörner
Alle Bilder und Grafiken sind Eigentum der Trauner Verlag + Buchservice GmbH bzw. wurden von Bildagenturen zugekauft (stock.adobe.com).
Schulbuchvergütung/Bildrechte:
© Bildrecht GmbH/Wien
Gesamtherstellung:
Gutenberg-Werbering Gesellschaft m.b.H.,
Anastasius-Grün-Straße 6, 4020 Linz

ISBN 978-3-99113-155-7

www.trauner.at

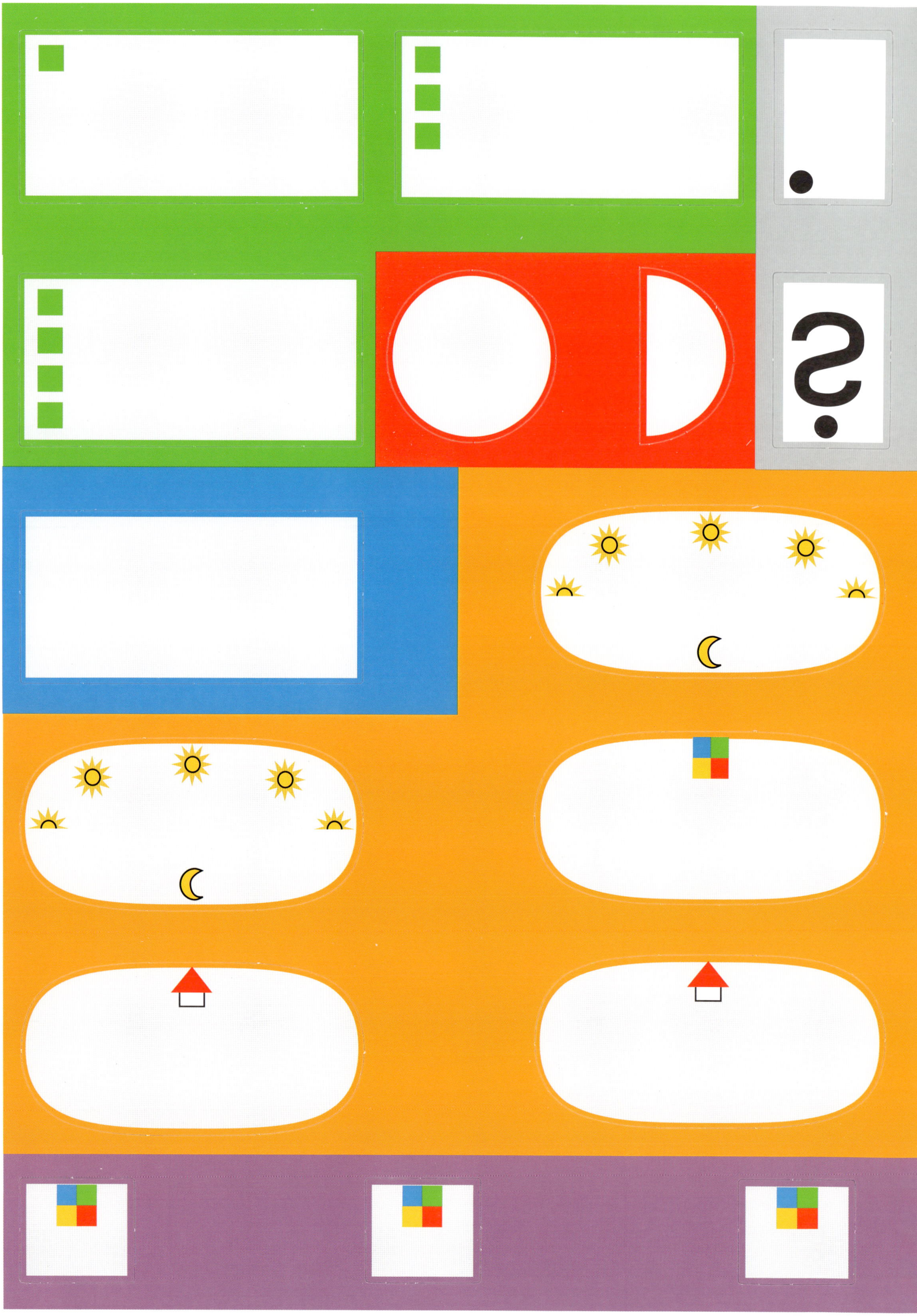

Inhaltsverzeichnis

1 Wenn du weißt, wer etwas tut und was er tut, dann kannst du schon Sätze bilden.

Wer liest? Finde verschiedene Möglichkeiten.

Wer ?		.

2 Was machen Lilli und ihre Freunde? Finde Beispiele und sprich die Sätze!

	?	.		?	.
	?	.		?	.
	?	.		?	.

3 Was machen die Menschen? Sprich in kurzen Sätzen!

		.

1 Was ändert sich, wenn du die Formen tauschst? Sprich beide Sätze!

1 Wo ist Lilli? Sprich in ganzen Sätzen!

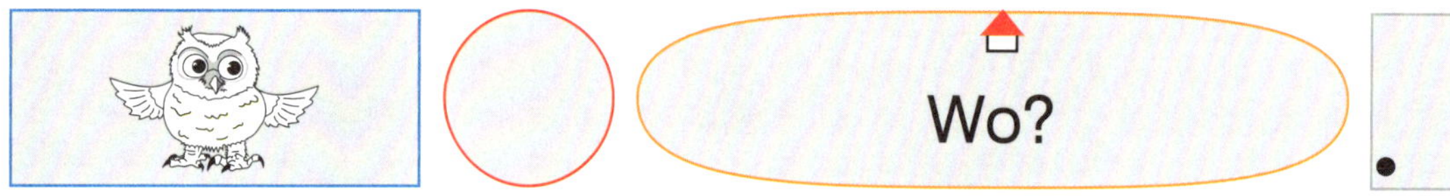

2 Wo sind Lillis Freunde? Sprich in ganzen Sätzen!

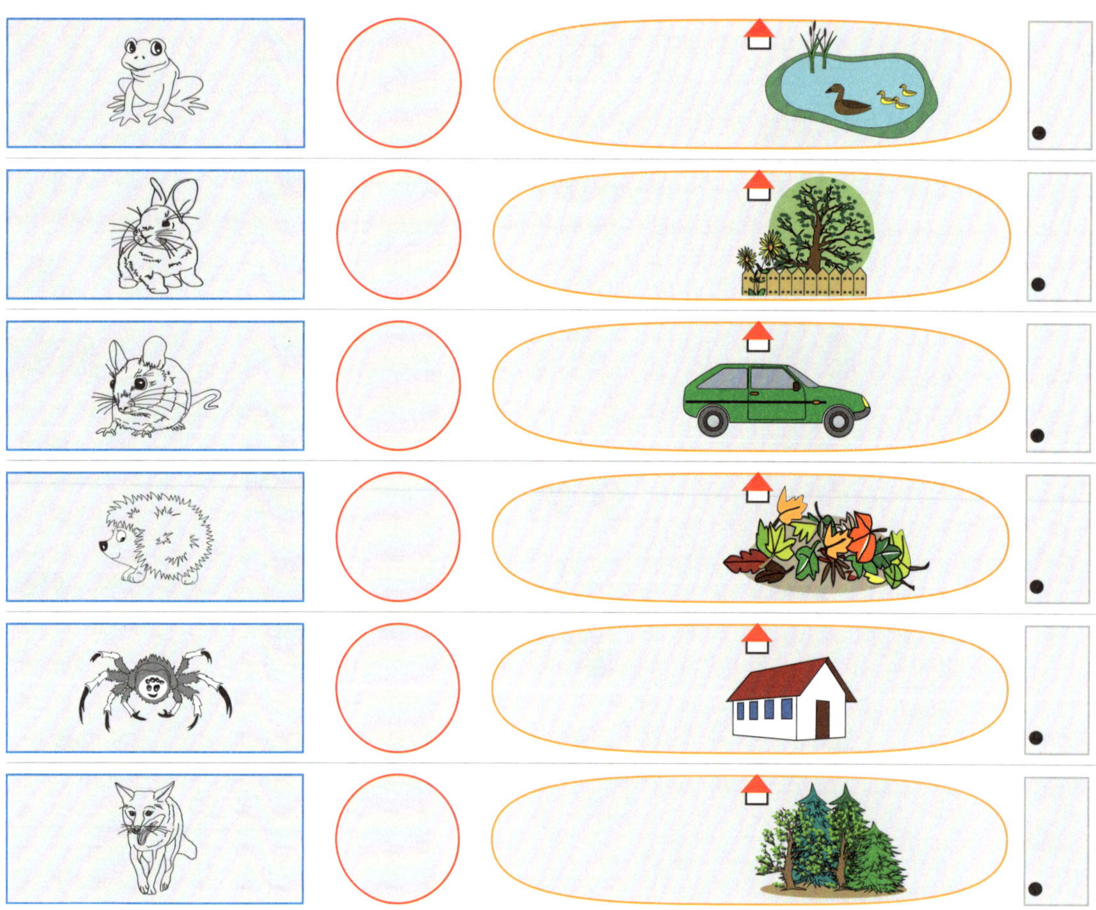

Kannst du auch eigene Beispiele finden?

1 Wohin fliegt Lilli? Sprich in ganzen Sätzen!

Wohin?

.

2 Wohin gehen Lillis Freunde? Sprich in ganzen Sätzen!

  .

  .

 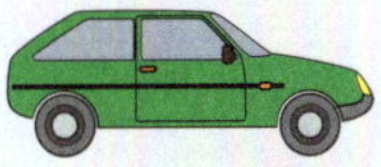 .

  .

  .

  .

Kannst du auch eigene Beispiele finden?

1 Was ist das? Stelle die Frage und gib dir selbst die Antwort!

Sprich so: Was ist das? Das ist ein Kasten.

2 Wo liegen die Schulsachen? Sprich in ganzen Sätzen!

(zwischen, rechts neben, links neben)
Sprich so: Der Spitzer liegt links neben dem Tisch.

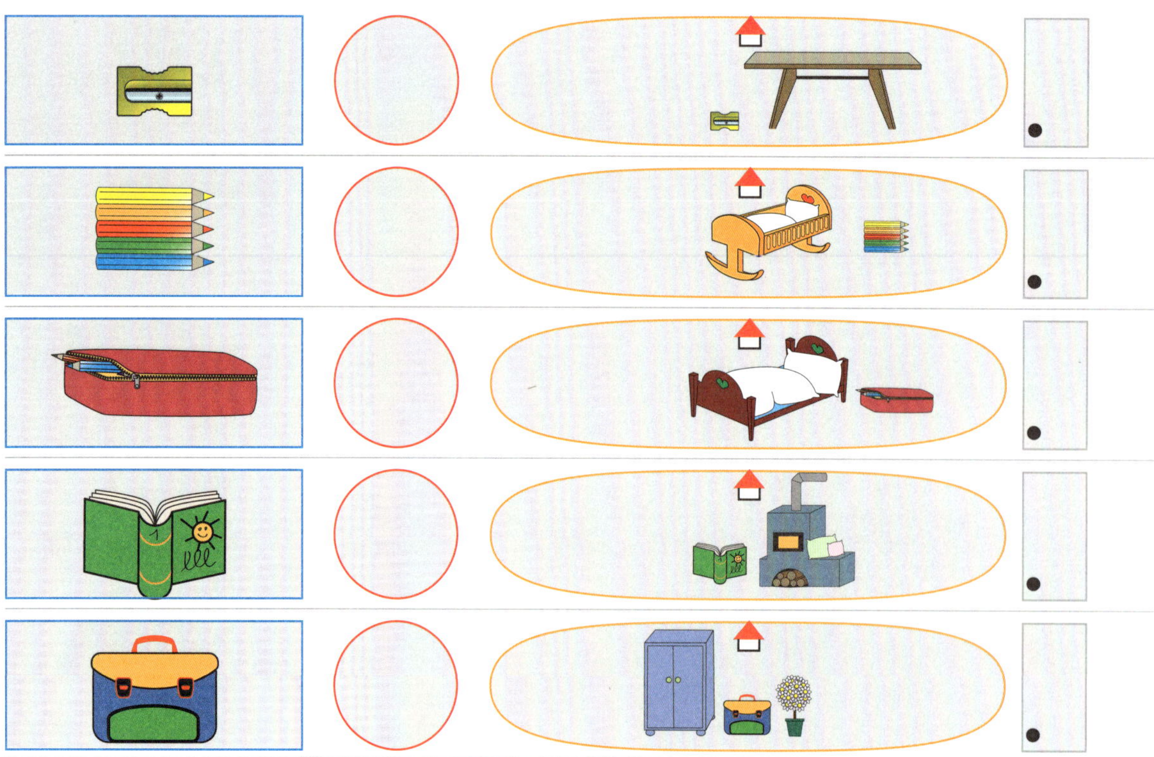

1 Wo liegen die Schulsachen? Sprich in ganzen Sätzen!

(zwischen, rechts neben, links neben)
Sprich so: Der Bleistift liegt rechts neben dem Fernseher.

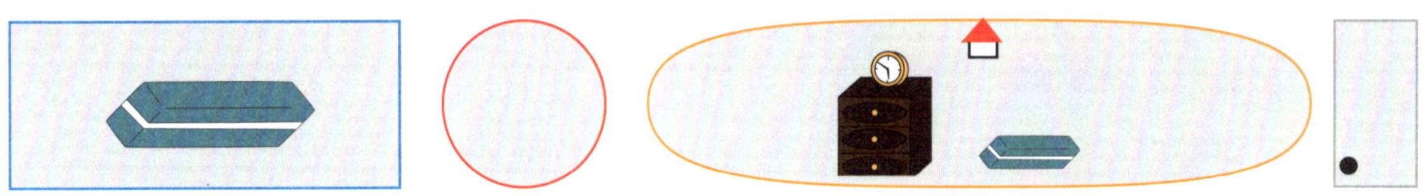

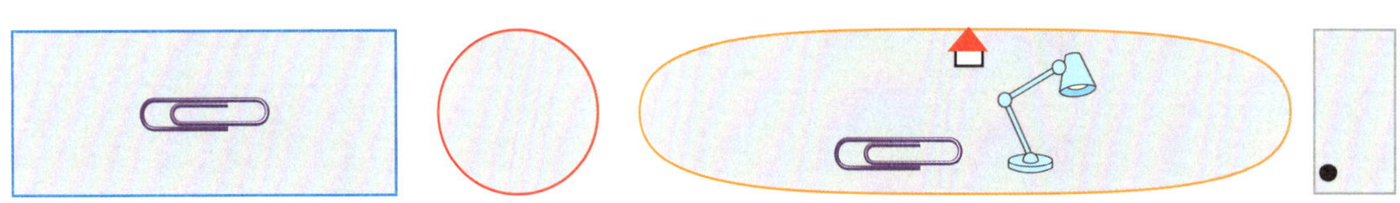

1 Welche Farben können die Schulsachen haben?

Würfle mit zwei Würfeln und bilde immer zwei vollständige Sätze!
Sprich so: Die Schultasche ist blau.

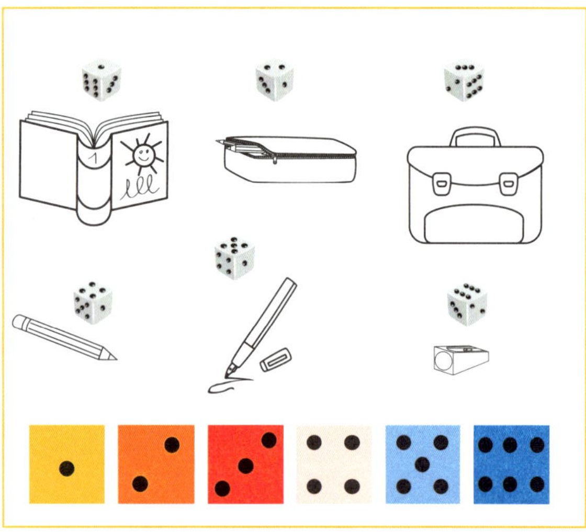

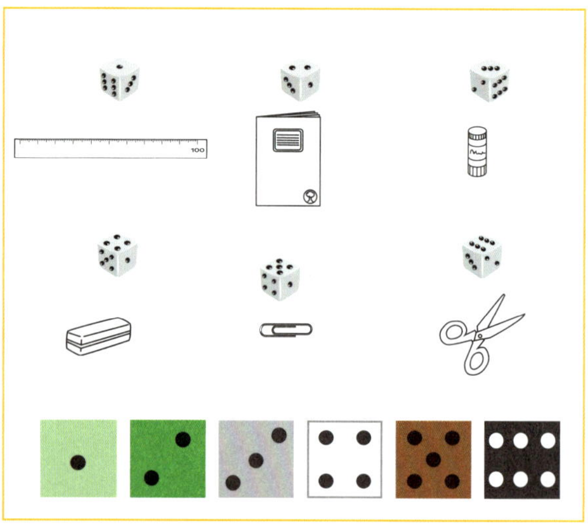

2 Wie sind die Dinge? Bilde immer zwei vollständige Sätze!

Sprich so: Das Auto ist groß. Das Auto ist klein.

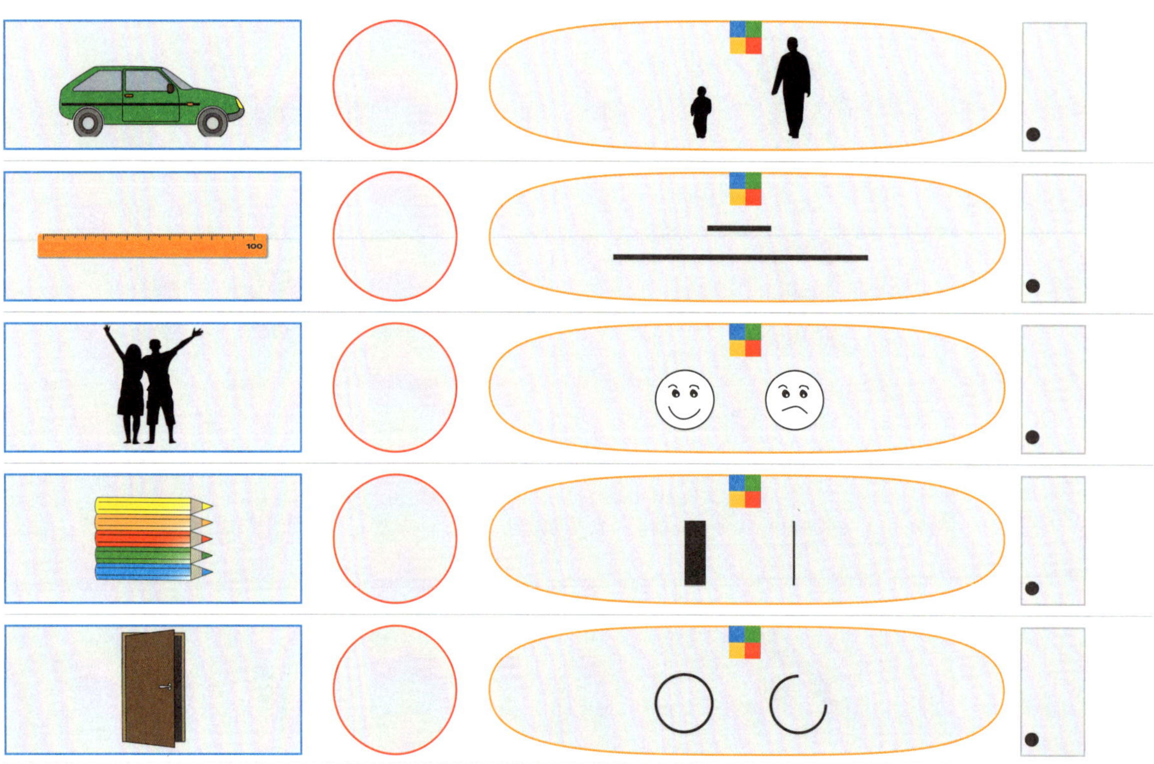

1 Würfle und suche die richtigen Bilder! Schau sie dir genau an!

Ahme das Gesicht nach und benenne das Gefühl!

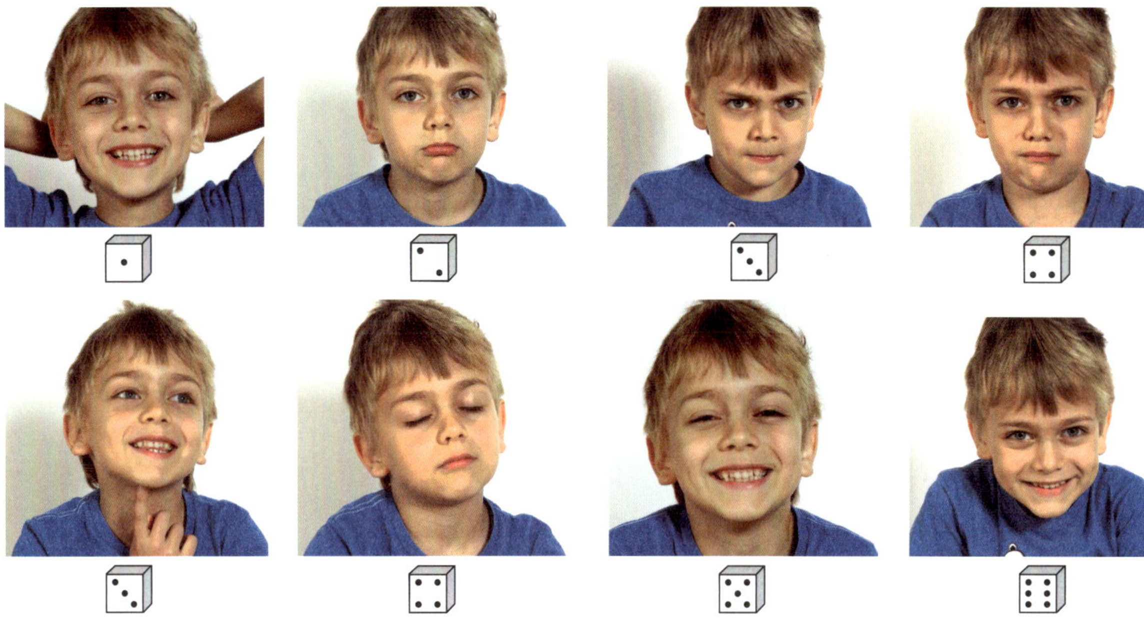

2 Wie fühlen sich Lillis Freunde gerade?

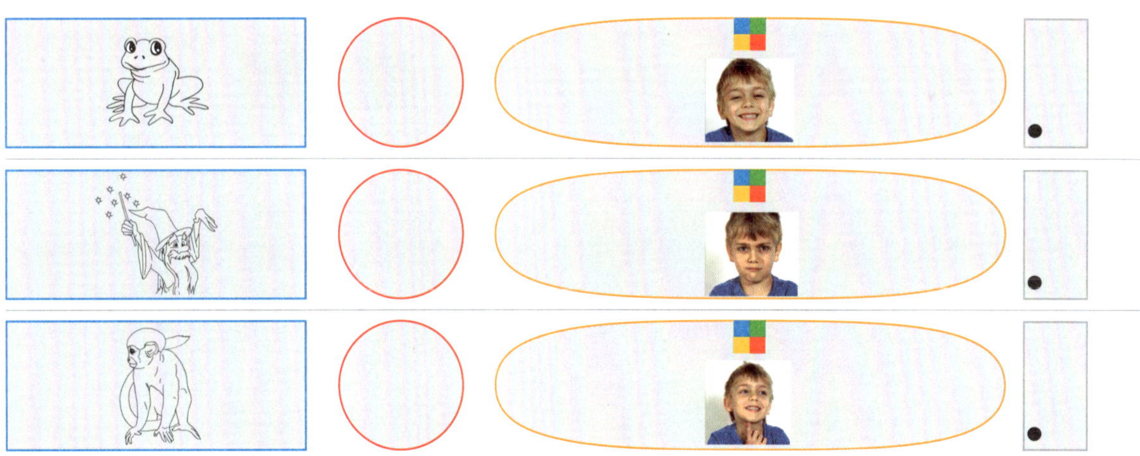

3 Was macht dich nachdenklich, traurig, wütend oder fröhlich?

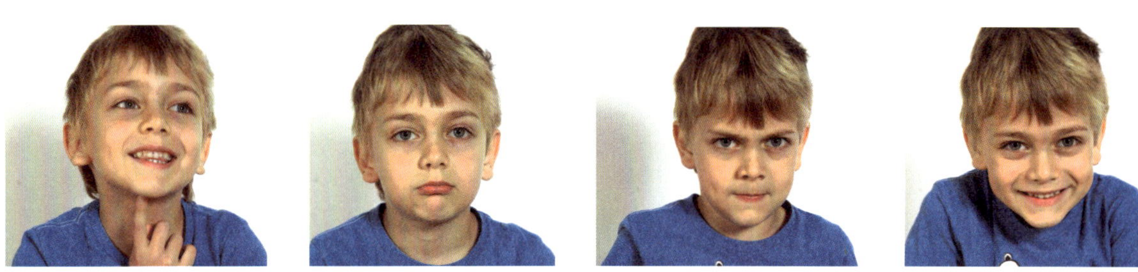

1 All diese Dinge brauchst du in der Schule. Benenne sie richtig!

Sprich immer so: ein Stift – zwei Stifte

2 Lilli ist in der Schule und sieht viele Schulsachen. Was kann sie alles sehen?

Sprich in ganzen Sätzen: Lilli sieht die Schultasche. Lilli sieht zwei Schultaschen.

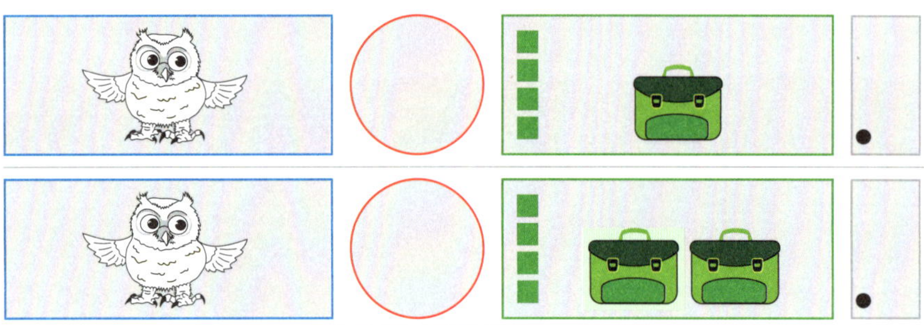

Das Mädchen	sieht	das Buch.
Der Bub	sieht	die Mappe.
Die Lehrerin	sieht	den Bleistift.

Beachte:
das Buch
die Mappe
der Bleistift

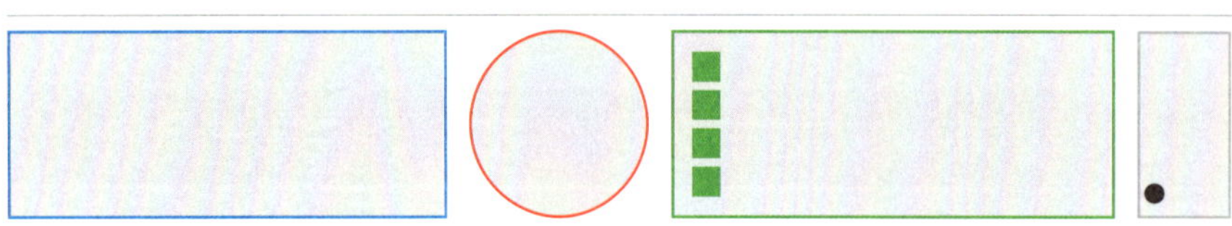

Das Mädchen	sieht	zwei Bücher.
Der Bub	sieht	drei Mappen.
Die Lehrerin	sieht	vier Bleistifte.

Sprich den Satz, indem du für [ ] etwas anderes einsetzt!
Setze statt „sehen“ die Wörter „nehmen“, „suchen“, „finden“, „verlieren“, „vergessen“, „kaufen“, oder „brauchen“ ein und sprich den neuen Satz!

1 Schau dir die Bilder an! Bilde mit ihnen einen vollständigen Satz. Sprich laut!

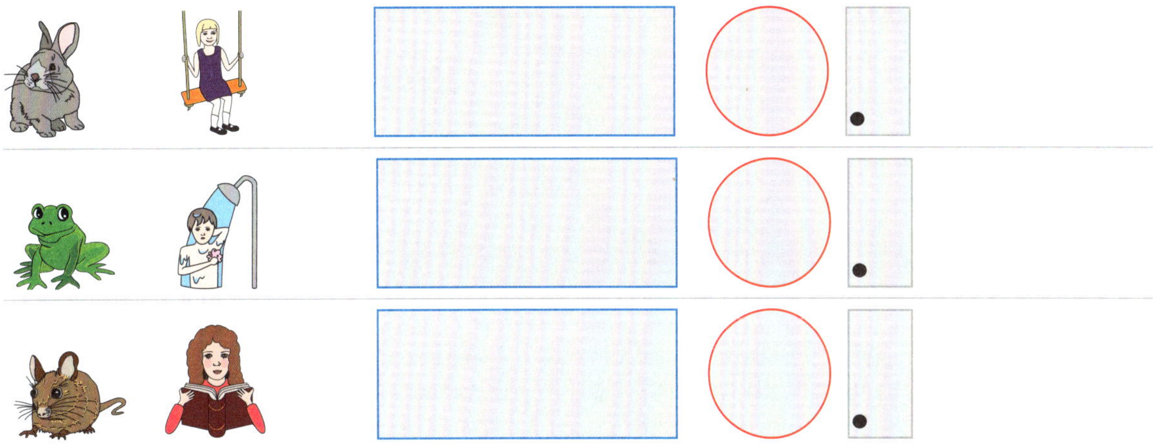

2 Schau dir die Bilder an! Bilde mit ihnen einen vollständigen Satz! Sprich laut!

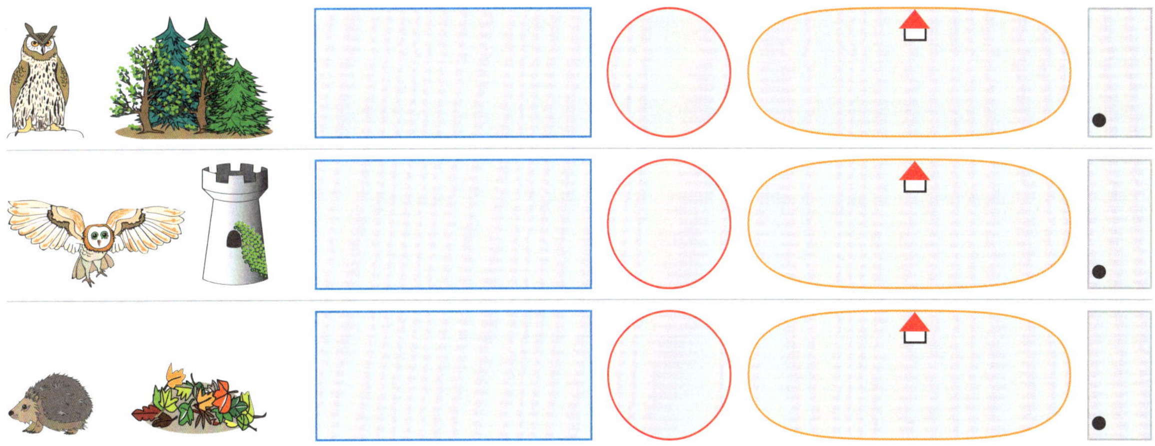

3 Schau dir die Bilder an! Bilde mit ihnen einen vollständigen Satz! Sprich laut!

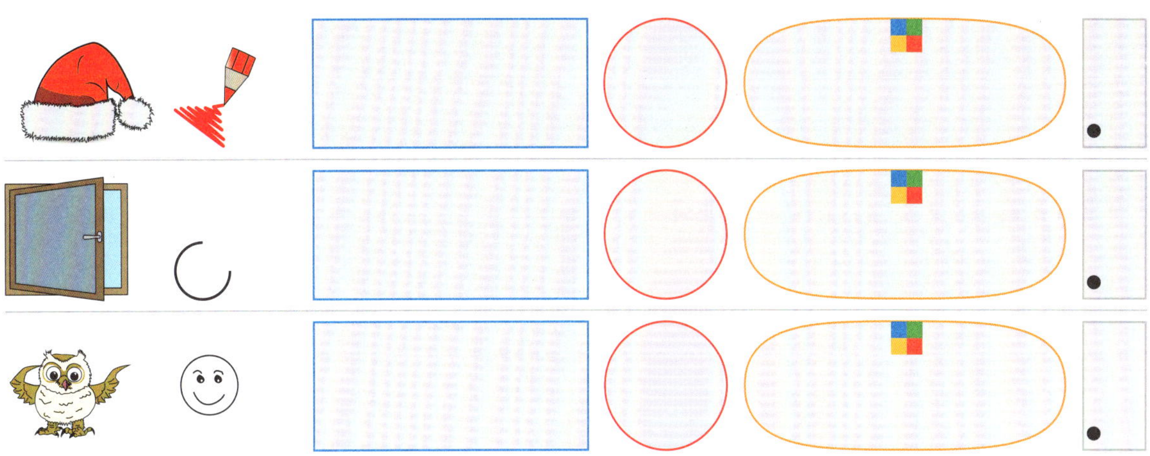

1 Wann können Dinge passieren? Finde viele verschiedene Möglichkeiten!

2 Lilli fliegt gerne herum und schaut sich die Umgebung an.

Weil sie eine Eule ist, ist sie nicht nur am Tag, sondern auch in der Nacht unterwegs.
Wann fliegt Lilli herum? Sprich in ganzen Sätzen!
(in der Früh, am Vormittag, zu Mittag, am Nachmittag, am Abend, in der Nacht)

3 Wohin fliegt Lilli noch? Wann fliegt sie dorthin?

Finde Beispiele! Sprich in ganzen Sätzen: Lilli fliegt am Nachmittag in den Zoo.

1 Zu welcher Tageszeit machst du was? Verbinde richtig!

Bilde vollständige Sätze! Sprich laut!

1 Schau dir die Bilder an! Bilde mit ihnen einen vollständigen Satz! Sprich laut!

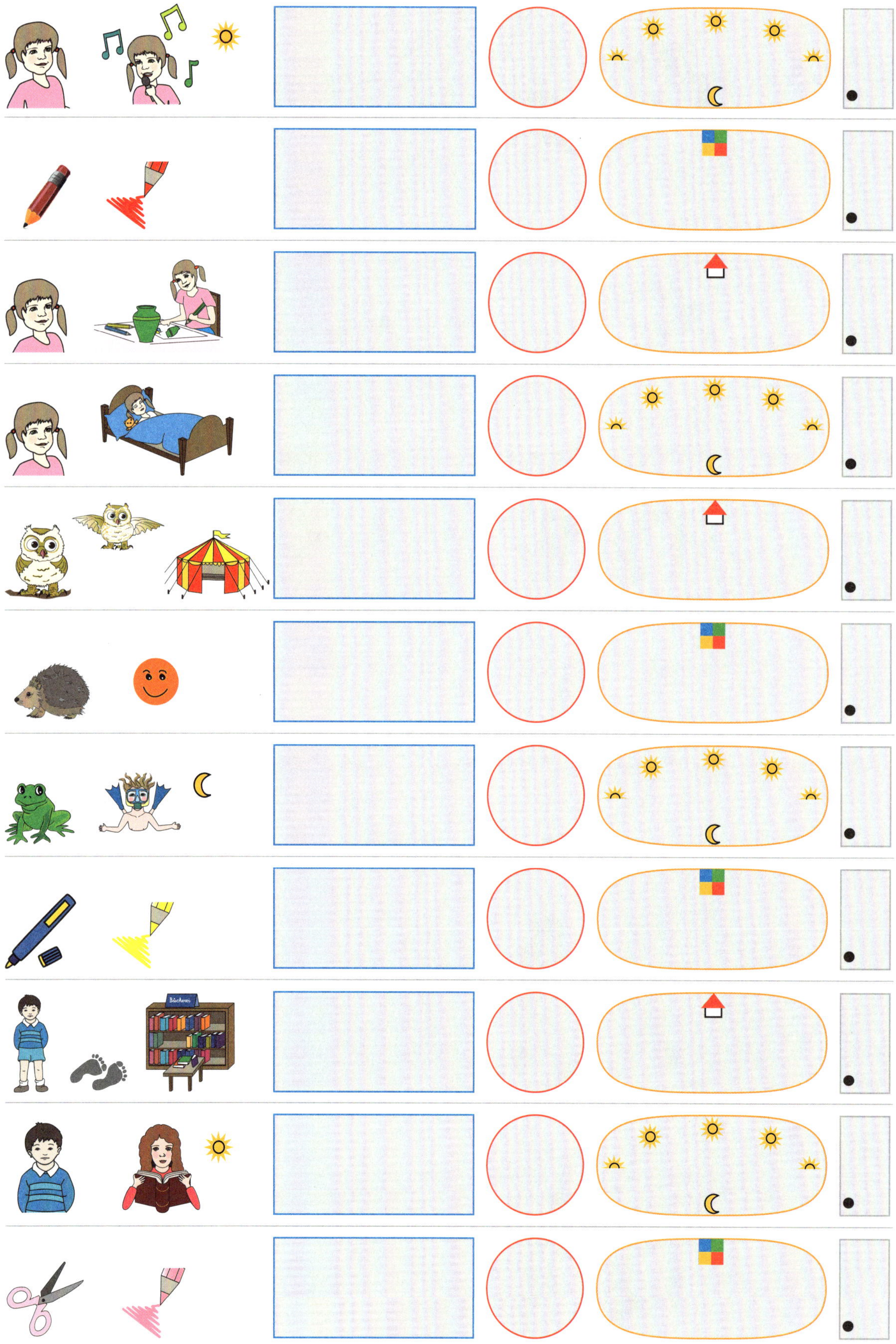

1 Erzähle die Bildergeschichte!

- Hüpfe beim Sprechen mit deinem Finger mit!
- Bleib zum Schluss wie gewohnt mit dem Finger auf dem Punkt und sprich den Satz noch einmal PICOBELLO!

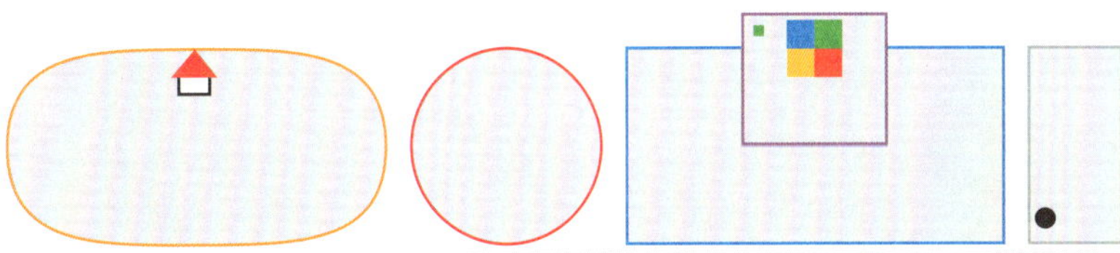

Im Garten steht ein großer Apfelbaum.

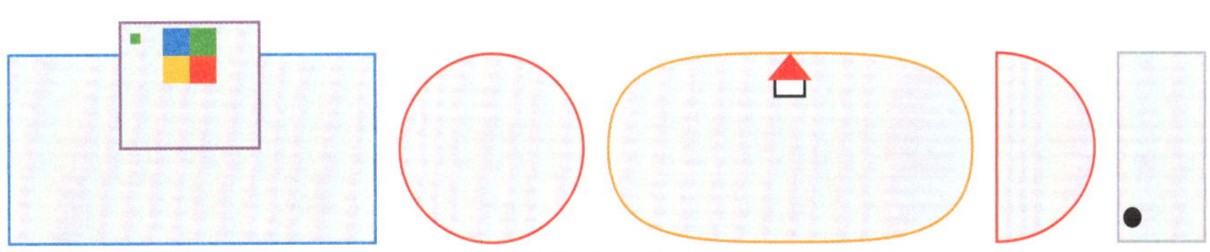

Ein reifer Apfel fällt vom Baum herunter.

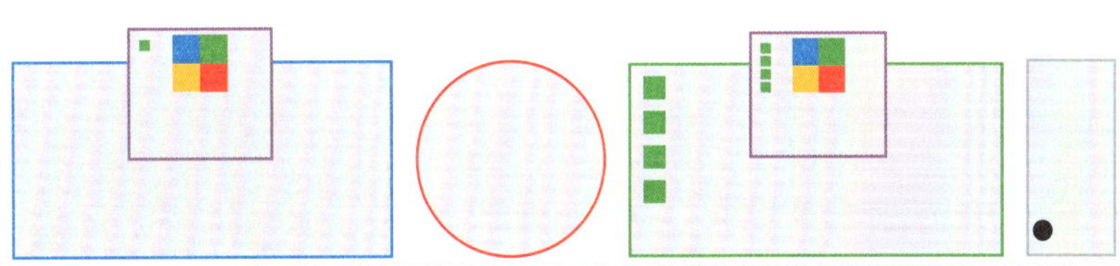

Das hungrige Mädchen isst den saftigen Apfel.

2 Erzähle die Geschichte mit ...

- Birnenbaum – Birne,
- Zwetschkenbaum – Zwetschke,
- Marillenbaum – Marille,
- Nussbaum – Nuss, . . .

Finde selbst eine andere Geschichte zu den drei Satzbauplänen!
Du kannst auch selbst Bilder dazu zeichnen.

1 Benenne die Kleidungsstücke!

Sprich so: ein Rock – der Rock

2 Lillis Freundin Wilma braucht neue Kleider für den Winter.

Im Geschäft sieht sie viele Kleidungsstücke. Bilde Sätze und sprich laut:
Wilma sieht einen Bikini.

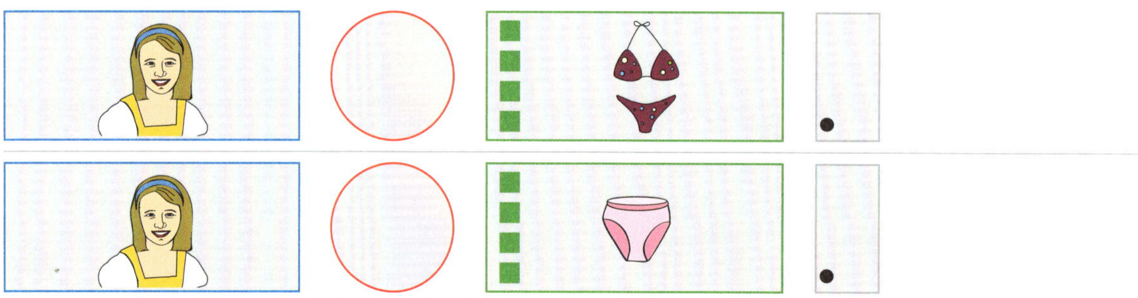

3 Wilma kauft nur Sachen, die sie im Winter brauchen kann.

Welche Kleidungsstücke kommen infrage? Bilde Sätze und sprich laut:
Wilma kauft Stiefel.

1 Wilma hat sich viele neue Sachen gekauft.

Manche davon kann sie anziehen, manche muss sie aufsetzen und ein paar muss sie sich umbinden.
Bilde sinnvolle Sätze und sprich laut! Beispiel: Wilma zieht die Strumpfhose an.

1 Anziehen – aufsetzen – umbinden?

Finde das richtige Wort und sprich in ganzen Sätzen!

 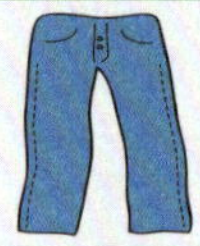

1 Wenn du für das ◯ „helfen“ einsetzt, bekommst du einen neuen Satzbauplan.

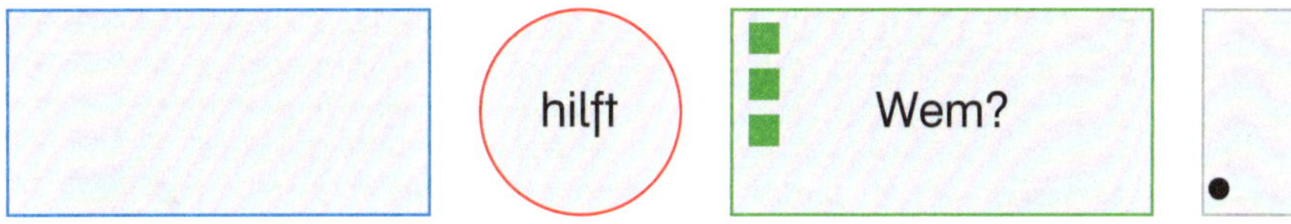

Das Mädchen	hilft	dem Vater.
Der Bub	hilft	der Mutter.
Die Lehrerin	hilft	dem Kind.

Beachte:
der Vater
die Mutter
das Kind

- Denke dir selbst Sätze zu dem Satzbauplan aus und sprich sie!
- Statt „helfen“ kannst du auch „gehorchen“, „vertrauen“, „folgen“ „antworten“ einsetzen! Denke dir Sätze aus und sprich sie!

Findest du auch Sätze zu diesem Satzbauplan?

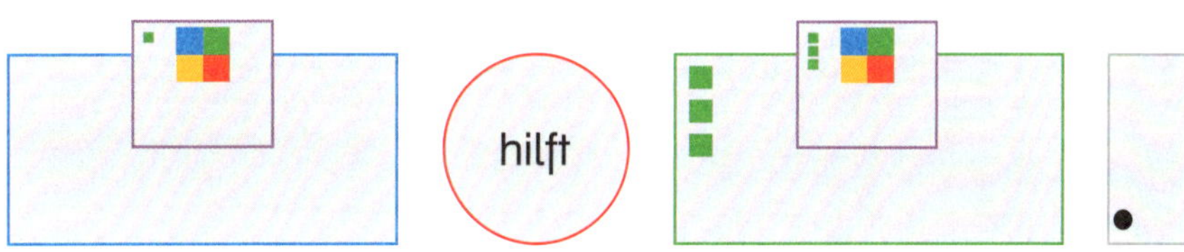

2 Wenn du für ◯ „geben“ einsetzt, bekommst du einen neuen Satzbauplan.

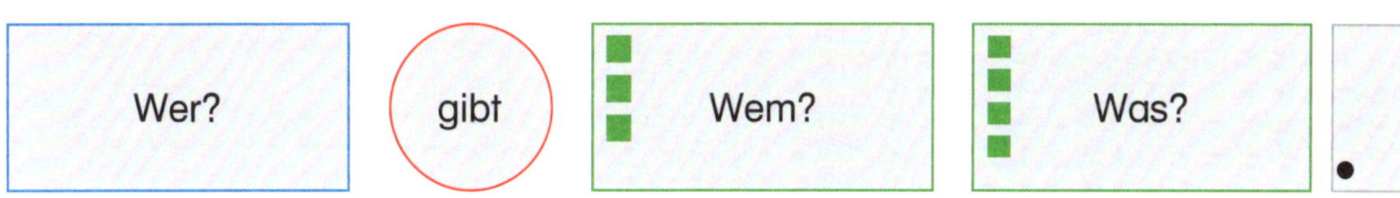

Das Mädchen	gibt	dem Hasen	eine Karotte.

- Denke dir selbst Sätze zu dem Satzbauplan aus und sprich sie!
- Statt „geben“ kannst du auch „schenken“, „leihen“, „stehlen“ einsetzen! Denke dir Sätze aus und sprich sie!

Findest du auch Sätze zu diesem Satzbauplan?

1 Benenne die Dinge und Personen, die du hier siehst!

Sprich so: eine Badewanne – die Badewanne

2 Wie können die Dinge sein? Finde immer eine Möglichkeit!

Sprich in ganzen Sätzen: Der Tee ist heiß.

3 Wo können die Dinge sein? Finde immer eine Möglichkeit!

Sprich in ganzen Sätzen: Der heiße Tee steht auf dem Tisch.

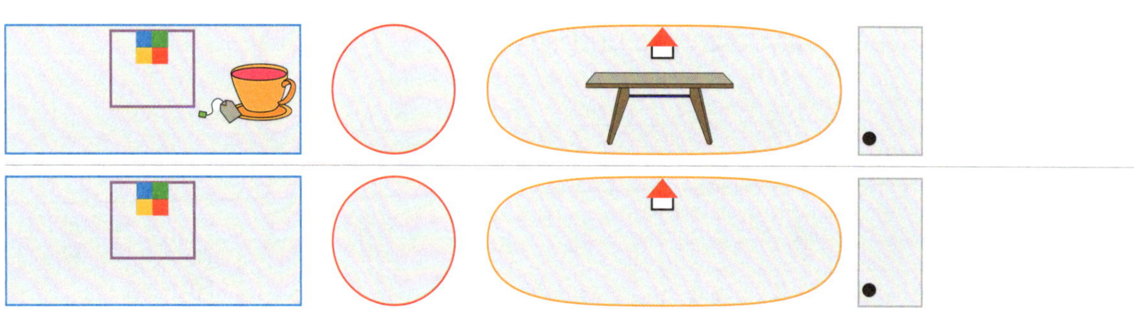

1 Was kann Lilli alles sehen?

Lilli fliegt manchmal zum großen Bahnhof in der nächsten Stadt. Sie setzt sich dann auf die große Bahnhofsuhr und beobachtet alles ganz genau.
Was kann Lilli alles sehen? Wie sind die Dinge oder Menschen, die sie sehen kann? Sprich in ganzen Sätzen!

2 Erzähle in ganzen Sätzen.

Was?

Lilli sieht ein rotes Auto.

Wen?

Lilli sieht ein singendes Mädchen.

Was siehst du? Denke dir selbst viele Sätze aus!

1 Hier siehst du verschiedene Familien. Beschreibe sie!

Erzähle von deiner Familie!

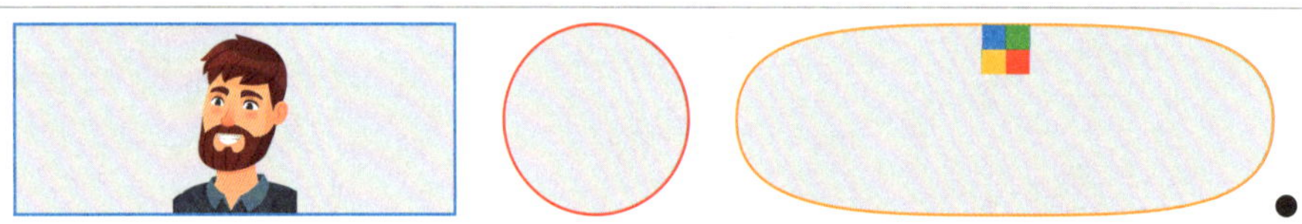

2 Die Familienmitglieder unternehmen viel miteinander.

Sprich in ganzen Sätzen: Opa geht mit dem Vater in den Park.

1 ich, du er, sie, es, wir, ihr, sie

1 Ersetze das Was-Wort in den Sätzen!

Sprich so: Die Hose ist gelb. Sie ist gelb.

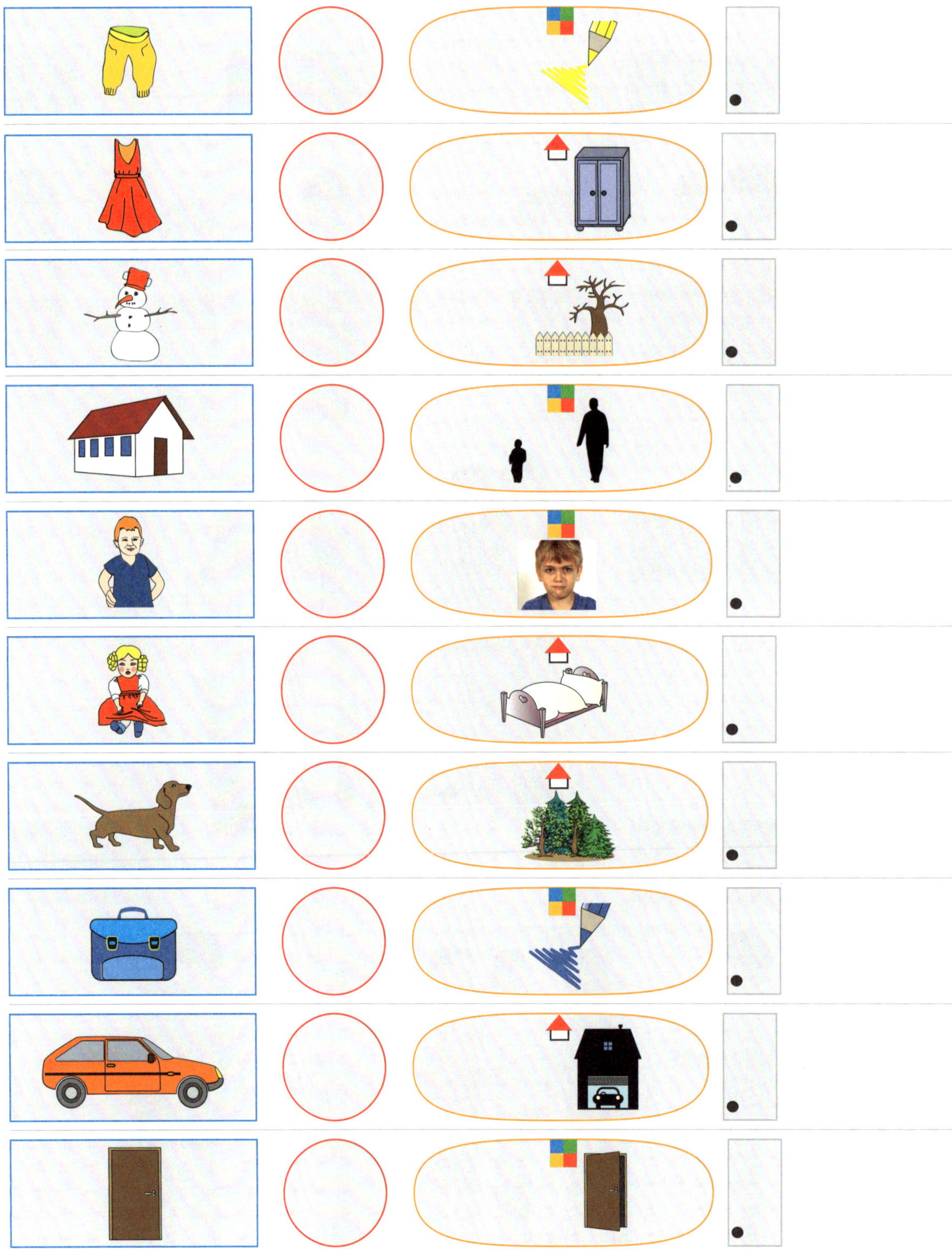

1 Ersetze das Was-Wort in den Sätzen!

- Sprich den jeweiligen Satz und hüpfe mit dem Finger mit!
- Ändere bei deinem Satz das ☐ !

Setze dafür  ein!

Ich	gehe	jeden Tag	in die Schule.
Du	gehst	. . .	. . .
Er	geht	. . .	. . .
Sie	geht	. . .	. . .
Es	geht	. . .	. . .
Wir	gehen	. . .	. . .
Ihr	geht	. . .	. . .
Sie	gehen	. . .	. . .

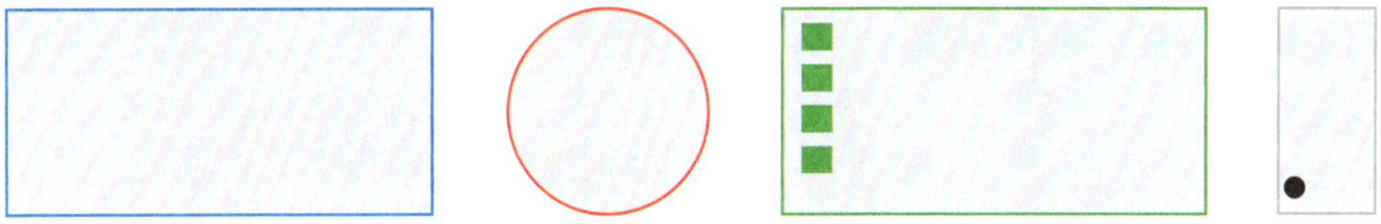

Ich lerne das Gedicht.

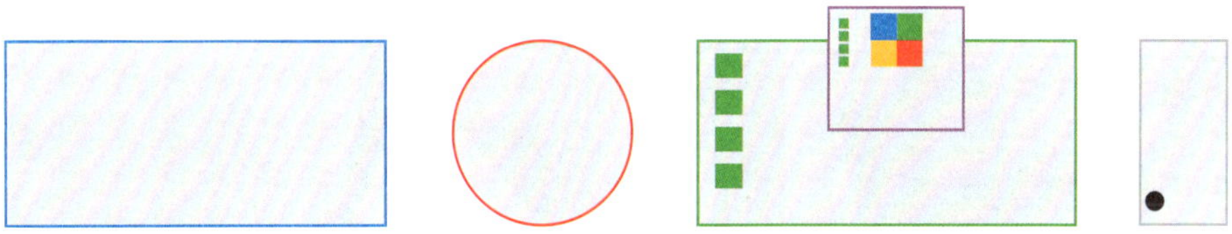

Ich sehe einen gefährlichen Tiger.

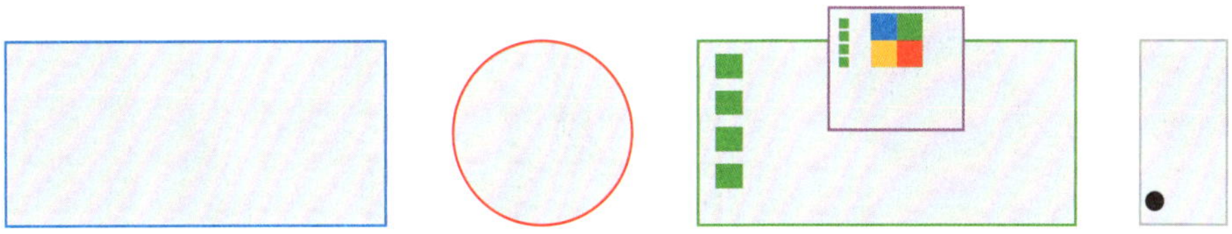

Ich lese ein lustiges Buch.

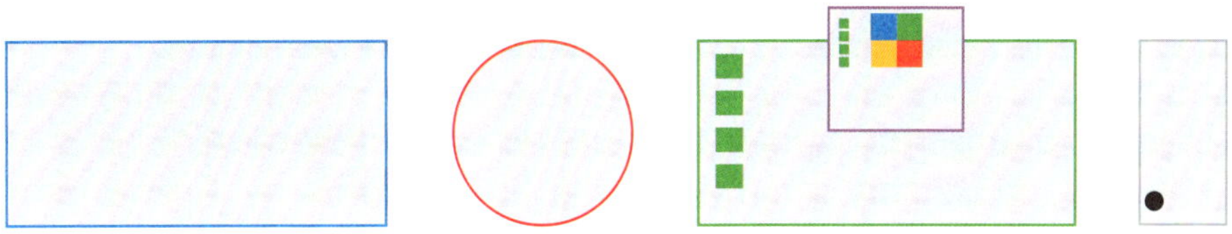

Ich suche die blaue Jacke.

Finde selbst Sätze zu den Satzbauplänen und sprich sie mit allen Personen!

1 Hier kannst du Menschen bei ihrer Arbeit sehen.

Wie heißt der Beruf, den sie ausüben?
Was machen die einzelnen Personen? Sprich in ganzen Sätzen:
Der Bäcker bäckt Brote.

2

Es gibt viele tolle Berufe: Was möchtest du einmal werden?
Sprich in ganzen Sätzen: Ich möchte Pilotin werden.

1 Besitzanzeigendes Fürwort

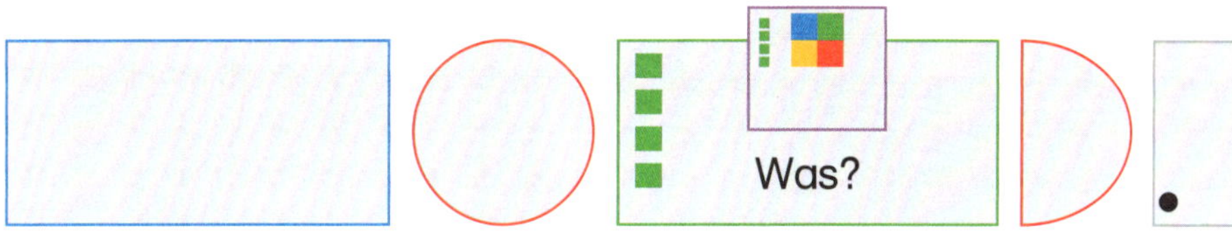

Ich	ziehe	meine Jacke	an.
Du	ziehst	deine Jacke	an.
Er	zieht	seine Jacke	an.
Sie	zieht	ihre Jacke	an.
Es	zieht	seine Jacke	an.
Wir	ziehen	unsere Jacken	an.
Ihr	zieht	eure Jacken	an.
Sie	ziehen	ihre Jacken	an.

Beachte:
die Jacke

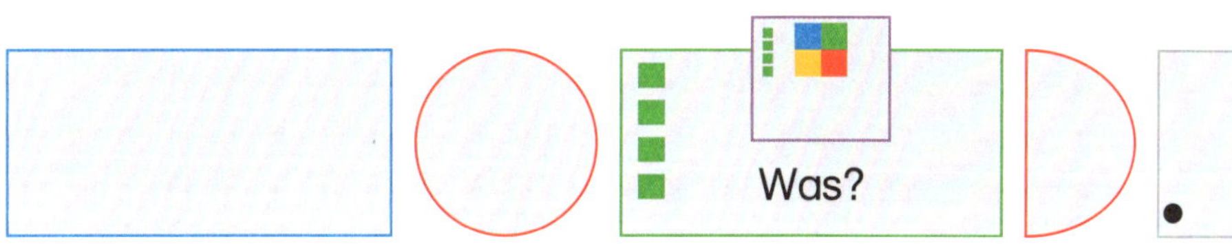

Ich	setze	meinen Sturzhelm	auf.
Du	setzt	deinen Sturzhelm	auf.
Er	setzt	seinen Sturzhelm	auf.
Sie	setzt	ihren Sturzhelm	auf.
Es	setzt	seinen Sturzhelm	auf.
Wir	setzen	unsere Sturzhelme	auf.
Ihr	setzt	eure Sturzhelme	auf.
Sie	setzen	ihre Sturzhelme	auf.

Beachte:
der Sturzhelm

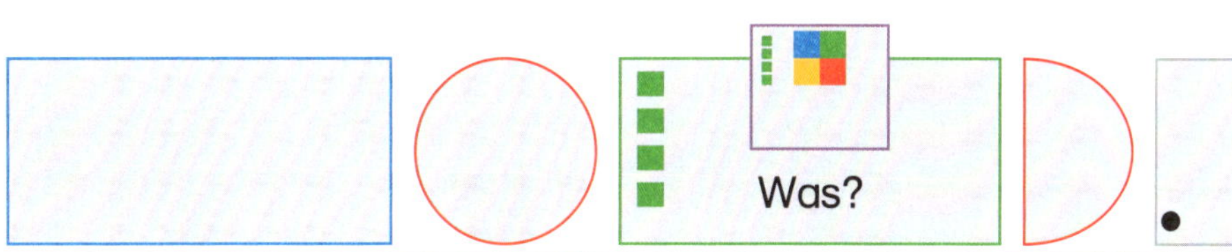

Ich	binde	mein Tuch	um.
Du	bindest	dein Tuch	um.
Er	bindet	sein Tuch	um.
Sie	bindet	ihr Tuch	um.
Es	bindet	sein Tuch	um.
Wir	binden	unsere Tücher	um.
Ihr	bindet	eure Tücher	um.
Sie	binden	ihre Tücher	um.

Beachte:
das Tuch

Bilde selbst Sätze mit anderen Kleidungsstücken und sprich sie mit allen Personen!

1 Die Beifügung sagt uns, wem etwas gehört:

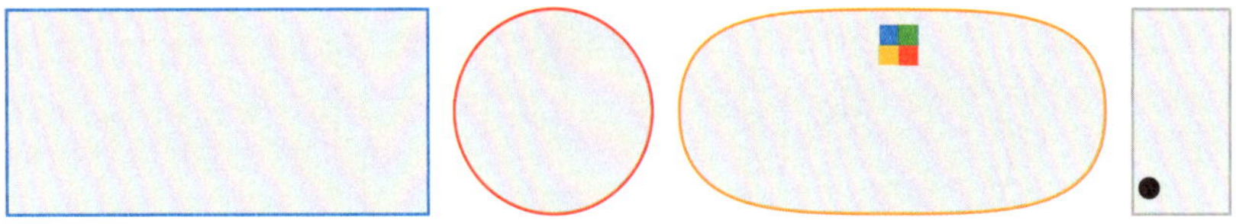

Der Schal **ist** **bunt.**

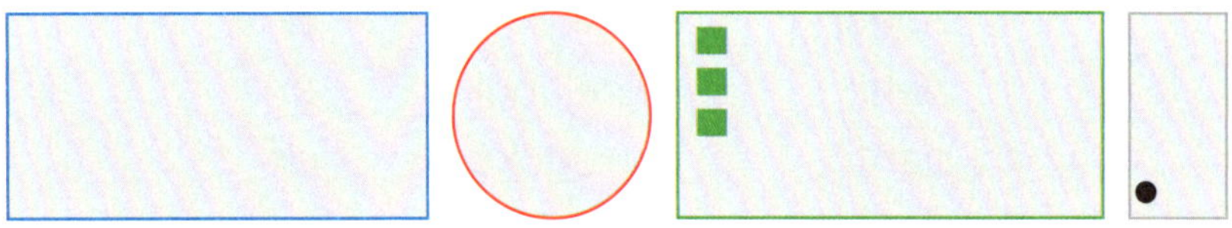

Der Schal gehört Mario.
Der Schal gehört Lara.

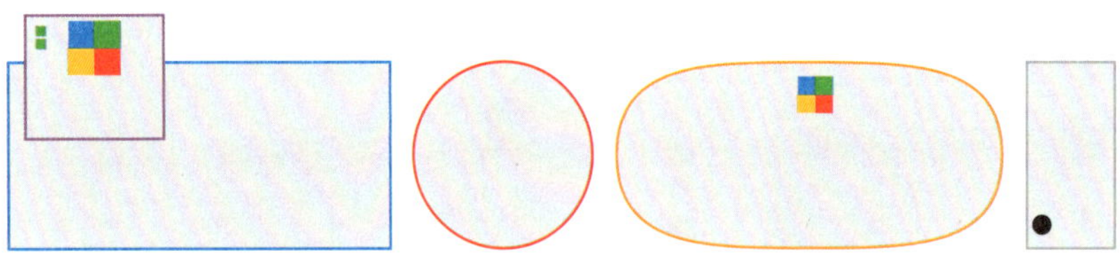

Marios Schal ist bunt.
Laras Schal ist bunt.

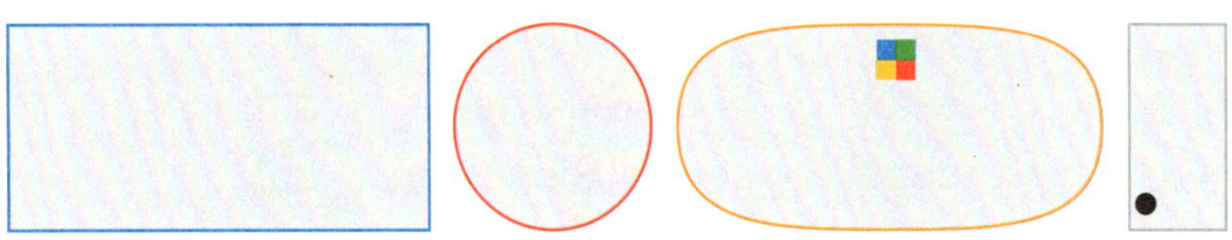

Der Schal **ist** **bunt.**

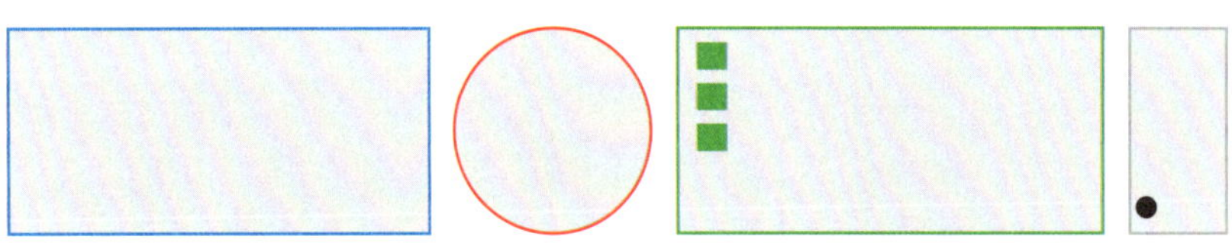

Der Schal gehört der Frau.
Der Schal gehört dem Mann.
Der Schal gehört dem Kind.

Beachte:
die Frau
der Mann
das Kind

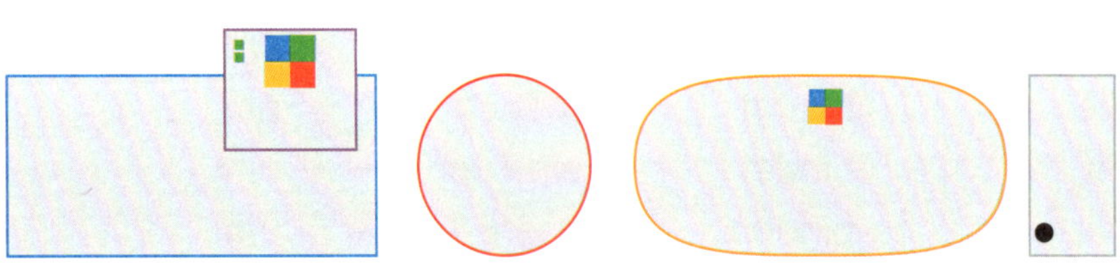

Der Schal der Frau ist bunt.
Der Schal des Mannes ist bunt.
Der Schal des Kindes ist bunt.

1 Zeiten üben!

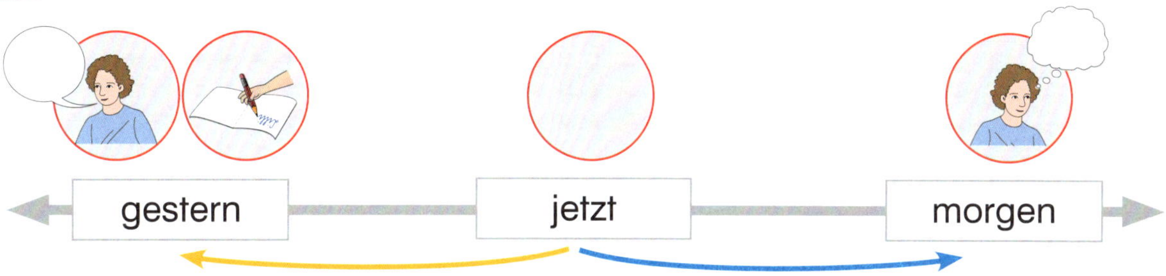

Gestern

Vergangenheit	Ich	bin	ins Kino	gegangen.
	Ich	habe	ein Buch	gelesen.

Mitvergangenheit	Ich	ging	ins Kino.
	Ich	las	ein Buch.

Heute

Gegenwart	Ich	gehe	ins Kino.
	Ich	lese	ein Buch.

Morgen

Zukunft	Ich	werde	ins Kino	gehen.
	Ich	werde	ein Buch	lesen.

1 Setze das Zeitwort jeweils richtig ein und sprich die Sätze!

Ich | eine Nuss | (essen)

Die Lehrerin | das fleißige Kind (loben)

Meine Freundin | mir | immer | (helfen)

Die Kinder | fröhlich | zum Sportplatz (laufen)

Wir | im Garten | (spielen)

In der Früh | der alte Mann | zum Arzt | (gehen)

Finde ein anderes passendes Wort für das ◯ und sprich den Satz.
Lege und sprich die Sätze in allen Zeiten!
Denke dir selbst passende Sätze zu den Satzbauplänen aus und sprich sie!